Fidel Fita Colomé

Dos obispos
de Marruecos

Barcelona **2024**
Linkgua-ediciones.com

Créditos

Título original: Dos obispos de Marruecos.

© 2024, Red ediciones S.L.

e-mail: info@linkgua.com

Diseño de cubierta: Michel Mallard.

ISBN rústica: 978-84-9816-6781.
ISBN ebook: 978-84-9897-751-6.

Sumario

Brevísima presentación

La vida
Fidel Fita Colomé (Arenys ce Mar, 31 de diciembre de 1835-Madrid, 1918) España.
Arqueólogo, epigrafista, filólogo e historiador.

Testamento de don Sancho Díaz de Trujillo (23 septiembre, 1570)

Los testamentos de los hombres ilustres suelen ser cuadros vivos del tiempo en que florecieron y del ambiente familiar en que se movían. Por esta razón importa que salgan íntegros á la luz pública; y mucho más si llevan consigo la solución de graves cuestiones históricas. ¿Fué, ó no, jurisdicción episcopal la que ejercían en San Telmo extramuros de Sevilla los obispos de Marruecos, cuando el beneficio de aquella ermita, ó santuario, se anejó á la Inquisición en virtud de la famosa bula de Pío IV (16 Septiembre, 1560)? El título de *obispo de Marruecos* y de San Telmo, que se dió á sí propio D. Sancho Díaz de Trujillo en su lecho de muerte (23 Septiembre, 1570), el tesón con que defendió la que estimaba prerogativa de su dignidad de sufragáneo con derecho de asistencia á los concilios provinciales Hispalenses por disfrutar de territorio propio, al que llamaba *obispado de San Telmo*, y el corte dado en definitiva á la cuestión, esto es, el no haberse promovido en adelante el obispo titular de Marruecos á ser auxiliar del arzobispo de Sevilla, hacen entrar en el terreno de lo probable y litigioso la teoría del abad Gordillo,[1] que no se presentaba revestida de documento alguno fehaciente y tenía contra sí los emanados de la Curia arzobispal y de la Sede apostólica.[2] El testamento de D. Sancho Díaz de Trujillo, cuya búsqueda solicité,[3] lo ha encontrado y me lo ha procurado en copia legalizada D. Simón de la Rosa y López, dignísimo archivero de la Colombina. Ofrezco esta copia auténtica para que se junte á la colección de manuscritos, atesorados por nuestra Academia con el fin de ampliar y rectificar el volumen LI de la *España Sagrada*. Acompaño un traslado, donde he llenado los claros ó lagunas del texto, numerado los párrafos, y marcado acentos y signos de puntuación, que dejando casi intacta la fisonomía del original despejan cómodamente el sentido.

Notaría, número 16 de las de Sevilla. Protocolo del año 1570, libro 2.º, fol. 557. Escribano Rui Gómez.

---

1   BOLETÍN, tomo XVI, páginas 199 y 218.
2   Ídem, páginas 189 y 195.
3   Ídem, pág. 194.

En el nombre de la santísima trenidad é de la eterna unidad, padre é hijo y espíritu santo, que son tres personas y un solo dios verdadero, é para gloria é alavança suya é de la bienaventurada virgen gloriosa nuestra señora santa maría madre de nuestro señor Jhesu christo. Sepan quantos esta carta de testamento vieren, como yo don Sancho diaz de truguillo *obispo de marruecos é de san telmo*, residente en el dicho obispado[4] de san telmo estramuros desta ciudad de sevilla, estando enfermo del cuerpo é sano de la voluntad y en mi juicio, seso y entendimiento natural, qual dios nuestro señor quiso é tuvo por bien de me querer dar, creyendo como firme é verdaderamente creo en la santíssima trenidad y eterna unidad de un solo dios verdadero, y en todo lo demás que cre[e] y tiene é enseña la santa madre Iglesia de roma, [en] la qual fee y creencia e bibido é protesto de bibir y morir, y nunca della me apartar, temiéndome de la mu[erte] que es cosa natural, de la qual ninguna persona pu[ede] escapar, y deseando poner mi ánima en carrera de [eterna] salvacion para donde fue criada, otorgo é [digo] que hago y ordeno este mi testamento é última vo[luntad], é las mandas é cláusulas que en él serán [con]tenidas en la forma y manera siguiente:

Primeramente mando y encomiendo mi ánima á dios nuestro señor, que la fizo é crió é redi[mió con] el prescio ynfinito de su sangre; y le sup[lico] me quiera perdonar las culp[as] é pecados que contra su divina majestad e com[etido], é quiera llevar mi ánima á su santa glo[ria]; para [lo] qual tomo por mi yntercesor á la gloriosa nuestra señora santa maria su bendita madre con todos los santos y santas de la corte del cielo; é quando finamiento de mí acaesciere, mando que mi cuerpo se sepulte é deposite en el Monesterio de nuestra señora de la encarnación desta ciudad de sevilla, para que de allí se lleve á la ciudad de Xerés de la frontera, é sy[5] entierre en la yglesia de san deonisio en el entierro de mis padres; lo qual mando que se haga é cumpla dentro de un año primero syguiente, y quel día de mi enterramiento mi cuerpo presente sy fuere hora, é sy no otro día syguiente, se me digan por mi ánima en el dicho monesterio de nuestra señora de la encarnación una misa de requien cantada, ofrendada de pan é vino é sera, é cinquenta misas resadas, é se dé por ello la limosna

---

4   Sic.
5   Sic.

acostumbrada; y asy mesmo mando quel dia que se trasladare mi cuerpo en la dicha yglesia de san deon cio se diga por mi ánima en la dicha yglesia de san deonicio otra misa de requien cantada, ofrendada de pan é vino é sera, é cinquenta misas resadas, é se dé por ello la limosna acostumbrada.

2. Iten mando que se diga por mi ánima en la capilla del obispo descalas,[6] ques en la santa Yglesia desta ciudad,[7] una misa resada, de las que allí se suelen dezir; y se pague por ello la limosna acostumbrada.

3. Iten mando á la sera con que se acompaña el Santisimo Sacramento de la Yglesia de san bernaldo estramuros desta ciudad de sevilla [un] ducado, y á la obra de la dicha Yglesia med o ducado.

4. Iten mando á las hórdenes de la santísima [tre]nidad y santa maría de la merced desta [ciu]dad para ayuda á la redimción de christianos cautivos, questán [...], y á la casa y enfermos de señor san lázaro, y á la ermita de san sabastián del campo, y á la santa [...], á cada parte un real; y á la obra de la seo de sevilla, por ganar los perdones, seis maravedís y medio.

5. Iten mando que desde el dia de mi fallecimiento en adelante para syempre jamás se diga é cante por mi ánima é de mis difuntos, é personas á quien soy é puedo ser encargo, una capellanía de misas resadas de las que se pudieren dezir y dotar cada un año con lo que rentasen cada un año unas casas y un corral, junto é linde lo uno con lo otro, que yo tengo en la dicha ciudad de xerés de la frontera, en la calle de algarve, que lindan con casas de alonso muñós y con casa de francisco núñez; que al presente renta todo treynta é seys ducados cada un año; las cuales dichas casas y corral yo desde agora doto y adjudico, y quiero é mando que se dcte é adjudique para la dicha capellanía, para que de lo que rentaren cada un año [digan] y canten las misas que se pudieren dezir con la t[asada] renta; a qual dicha capellanía quiero é man[do] que se

---

6 Baltasar del Río. Véase el tomo LI de la *España Sagrada*, pág. 132. La objeción que allí se hace a Ortiz de Zúñiga porque escribió Escalas en vez de Escala, se disuelve a la vista de nuestro documento.

7 Inmediata a la famosa de San Antonio de Padua, en la catedral.

diga ó cante en la dicha yglesia de san d[eonicio] en la capilla del entierro de mis padres, donde mi cuerpo [h]a de ser trasladado, según dicho es; la qual dicha capellanía ynstituyo é fundo en esta man[era] que en cada un año quiero é mando que se dig[a] por mi ánima é de mis difuntos en la dicha Ygl[esia] de san deonicio una fiesta de la encarna[ción] de nuestra señora con sus bísperas y misa cant[ada] con diácono y sudiácono y órganos, ocho días [antes] y ocho después del dia de nuestra señora de la [encar]nación de cada un año, para la qual dicha fiesta [doy ?] é señalo la renta de las dichas casas [en] cada un año, y de lo que más resultaren y valieren [quiero é mando que] se digan é canten las misas resadas que se pudieren dezir en cada un año, repartidas en cada un mes de las festividades que ocurrieren, las quales dichas misas quiero é mando que tase é reparta el visitador que fuere desta ciudad de sevilla á la dicha ciudad de xerés á visitar las yglesias della; y nombro por patrón perpetuo de la dicha capellanía é fiesta al S.or álvar lópez ortiz de gatica mi sobrino, vezino é veinte é quatro de la dicha ciudad de xerés de la frontera[8] para que él sea patrón perpetuo della todos los dias de su vida, é después della sea patrón é subceda en el dicho patronadgo la persona que subcediere en el mayoradgo del dicho álvar lópez mi sobrino, y asy de un subcesor en otro perpetuamente para syempre jamás; y doy poder é facultad cunplida, quanto de derecho requiere, con libre é general administración al dicho álvar lópez ortiz de gatica mi sobrino, y por su fyn ó muerte á los subcesores en este dicho patronasgo para que pueda ynstituyr é ordenar la dicha capellanía é fiesta, é nombrar capellán y capellanes que la sirvan, y dotar y adjudicar para ello las dichas casas corral y rentas dellas, y hazer é otorgar sobre ello las escripturas de ynstitución é adjudicación é nonbramiento que se requieran con todas las cláusulas é condiciones, gravámenes y declaraciones é obligaciones que quisiere é por bien tuviere; todo lo qual yo desde agora ratifico é apruevo, y quiero que valga y se guarde é cumpla, según é como por el dicho álvar [lópez] ortiz ó por los dichos subcesores fuere dispuesto é hordenado.

---

8   Figura en la lista de Caballeros hijosdalgo y de ejecutoria, que se trazó en Jerez (11 Abril 1570) por orden de Felipe II para que fuesen a servir bajo el mando de don Juan de Austria en la guerra de las Alpujarras. Gutiérrez, Historia de Xerez de la Frontera, lib. IV, pág. 57. Xerez, 1887.

6. Iten digo que por quanto yo tengo escripto é asentado de mi mano y letra en nueve hojas y media, todas scriptas hasta el cabo con pie é cabeça firmado de mi nombre, todas las deudas que yo devo é descargos de mi conciencia, y otras cosas que devo é soy obligado á pagar por mí é por luis ortiz de gatica mi padre[9] y por doña marina de trugillo mi madre,[10] difuntos, que sean en gloria, é por otras personas, y así mesmo ciertas declaraciones sobre diversas cosas, como todo se contiene é declara en las dichas nueve hojas y media que, como dicho es, están escriptas de mi mano y letra con su cabeça al prencipio é pie al cabo firmado de mi nombre, que lo començé á escrevir en un libro en primero de henero deste año en que stamos de mill é quinientos é setenta años; y lo acabé é firmé hoy veynte é tres dias de este presente mes de Setiembre, y lo dí y entregué al presente scrivano en presencia de los testigos yuso scriptos para que lo pusiese en este mi testamento.

7. É yo el scrivano público yuso scripto doy fe que dicho señor obispo me entregó el dicho libro, en que stavan escriptas y asentadas las dichas nueve hojas y media de su mano y letra syn la dicha cabeça y pie, y todo lo demás del dicho libro estava en blanco que su thenor de todo lo que stava escrip[to] y asentado en las dichas nueve hojas y media con el dicho pie é cabeça, según é como su señoría lo presentó ante mí en presencia de los testigos yuso scriptos, es este que se sigue.

8. En el nombre de dios, amén. Este libro es el descargo de mi conciencia y de mi padre luis ortiz de gatica veinticuatro de xerez, que aya gloria; que todo lo que aquí estuviere asentado de mi mano de mí don Sancho de trugillo obispo de marruecos quiero que se cumpla y se pague de mis bienes, porque yo lo devo, y quiero descargar mi conciencia y la de mi padre y madre, que sean en gloria. El qual libro començé á fazer y escrevir á primero de enero de mil y quinientos y setenta años.

---

9   Véanse los números 1, 5, 8, 16, 25, 32, 53, 67, 68 y 76.
10   Núm 1, 5, 8, 14, 16, 29, 31, 33, 43, 44 y 76.

9. Primeramente devo al boticario, de cuando estaba enfermo en casa del señor licenciado Peja, myll y ciento y sesenta y dos maravedís[11] de medicinas, que me dió. Páguenselos y sépase como se llama este boticario.

10. Iten devo á pedro de selóriga, calero, veinte y cinco reales de cal que me dió. El padre frey pedro de morales lo conoce. Páguenselos. Tiene allá un conocimiento mio, vuélvalo; y denle los veinticinco reales.

11. Paréceme á mí que quedaría yo á dever al propósito[12] de antequera francisco de rivera, como cien ducados[13] de la pensión que tenía sobre mi canonicato; y como el dicho francisco de rivera uvo en mi cuarenta ducados de pensión por mi consentimiento por pleito que trayyamos yo y él, y en la verdad él no tenía derecho ninguno al dicho mi canonicato, y yo por quitarme dél le consentí los dichos cuarenta ducados de pensión sin develle nada. Póngolo aquí por memoria para vello mejor. Uno de los herederos del dicho francisco de rivera, que vive en antequera, se llama pedro de luque.

12. Iten devo al guardián y frayles de san francisco de la villa del puerto de santa maría nueve ducados y medio, que yo devia á maría de alvarado de unas casas que me arrendó en cádiz, y murió. Dexó la dicha maría de alvarado por heredero al síndico de san francisco para que los dexase sus bienes al dicho monesterio de san francisco de la dicha villa del puerto de santa maría. Páguenselos.

13. Yo merqué de juan de jáuriqui vizcaino, unas casas y seys arançadas de viñas, que fueron de Juan de écija, criado de mi padre que aya gloria, por doscientos ducados. Hízele un alvalá al dicho Juan de écija, quedándome los doscientos ducados, le volvería las casas y viñas. Las viñas no valían nada; tenían más tributo que ellas valían. Las casas vendí. Tengo agora de ver si valían las casas más de los doscientos ducados; y lo que valieren más se lo tengo de bolver, aunque dí á una nieta suya treinta ducados en casamiento. Y las casas

---

11 Al margen están acotados los numerales así en esta partida como en las subsiguientes.
12 Prepósito.
13 En las reducciones marginales aparece el valor de 11 reales y 1 maravedí que el ducado tenía.

tenían dos myll y quinientos maravedís de tributo y dos gallinas. Vendílas ante alonso sarmiento escrivano público de xerez, creo el jUdxlv[14] años. Tengo de ver muy bien esto, y descargar mi conciencia y saber en cuanto las vendí, y vello todo muy bien.

14. Yo eché á diego de lepe myll maravedís de tributo sobre mis casas de a calle del algarve por nueve mll maravedís, y á mi hermano diego ortiz, que aya gloria, le tomé su parte á tributo por cuatro ducados de tributo avierto y al quitar que dándole cuarenta ducados fuese libre; y estos cuatro ducados de tributo vendiólos á diego de lepe, por manera que yo le hora obligado á pagar á diego de lepe dos mill y quinientos maravedís de tributo en cada un año sobre las dichas mis casas, y ya [ha] tantos años que no le pago el tributo que agora en fin deste año de mill y quinientos y setenta años en que estamos le devoré de pagar corridas setenta y un mill trescientos y setenta y cinco maravedís. No le e pagado todo este tiempo porque el dicho diego de lepe compró muncha hazienda mia y de mi señor, que aya gloria, y de mis hermanos que ayan gloria, á muy baxos precios y muy barato, y pareciéndome que nos debía de volver algo de lo que así compró á baxos precios, no le e pagado el tributo; y con todo, le daría cien ducados de partido así por lo corrido como por el principal. Esto se [h]a de ver muy bien visto, y descargar yo mi conciencia y la de mi hermano diego ortiz, que aya gloria, que le vendió los cuatro ducados de tributo por los cuarenta ducados, y á mí me dió nueve mill maravedís por los mill maravedís de tributo que le vendí. Mi señora[15] que aya gloria, devía á mi prima leonisa de vargas dos mill y trescientos y setenta maravedís y medio; téngolos yo de pagar. Es muerta mi prima leonisa de vargas, que aya gloria; quedó una nieta suya y dos hijos suyos; dense así estos maravedís á su nieta.

15. Á Juana ximenes de pineda, de cierta cuenta que con su marido argumedo tuve de un tributo que le dí por otro de unas casas que yo merqué en el puerto de santa maría de un fularo medidor, en las finales casas el dicho argumedo tenía seyscientos y doze maravedís, de tributo, y yo merquélas con el cargo de los dichos seyscientos y doze maravedís del dicho tributo y dile al dicho

14   1545.
15   Madre.

argumedo cuatrocientos y cincuenta maravedís de tributo en mateo sánchez, restéle deviendo del dicho tributó ciento y sesenta y dos maravedís en cada un año, y más todo lo corrido desde el día que hezimos el trueque y cambio fasta la real restitución; téngole de pagar los dichos ciento y sesenta y dos maravedís de tributo, mercárselos ó dalle otro tanto de tributo perpetuo y pagalle todo lo corrido dello ó á sus herederos, ó á quien dellos fueren vivos.

16. Luis Ortiz de gatica mi senor, que aya gloria, mercó una casa en Xerez, en la calle del algarve, de Juan de ortigosa por dies y nueve mill y quinientos maravedís, de los quales le dió luego nueve mill y quinientos maravedís, y restóle á dever dies mill maravedís. Hízole mi padre, que aya gloria, una obligación de pagalle dies mill, quando viniese de la ciudad de çamora con su mujer y hijos á vevir en xerez de la frontera; él no vino por no tener posibilidad, que era pobre, como parece por una carta que envió á dezyr que no tenía con qué venir. Por eso no se le [h]an de dexar de pagar los dichos dies mill maravedís. Porque mi padre, que aya gloria, les devía, quiéroles yo pagar. Yo no sé quien es. Dicen que, morava en çamora; no sé si es muerto ni vivo, ni sé tampoco si dexó herederos. Esto se [h]a de ver muy bien visto, y ver á quien se darán estos dies mill maravedís, por que la conciencia de mi padre, que aya gloria, quede descargada. Para estos dies mill maravedís, que se le devían á Juan de ortigosa, mi señora, que aya gloria, pagó tres mill y ciento y treynta y cinco maravedís para esta cuenta, como parece por [el] alvalá. Réstasele deviendo [seys mill é ochocientos é sesenta y cinco maravedís].

17. Á luis de rueda, que era borzeguinero si bien me aqüerdo, vezino de xerez creo que era, le quedé deviendo docientos y treynta y cuatro maravedís de cierta cuenta. Un hijo suyo es cura en alcalá de juana dorta. Enséñenle el alvalá, y si dijere ques la letra de su padre, páguensele á su hijo que, como digo, es cura de alcalá de juana dorta; y si dixere que la letra no es de su padre, díganle de misas los dichos doscientos y treinta y cuatro maravedís, porque no me acuerdo bien.

18. Yo devía á Juan beltrán de caycedo dos ducados y medio de un breve, que el dicho juan beltrán de caycedo me escrevió que le cobrase del retor de osuna; y no se me acuerda si lo cobré ó no. Si el dicho juan beltrán de caycedo viniere

por los dos ducados y medio, y dixere que se le deven, dénselos; y si no viniere por ellos, díganselos de misas, que deve de ser ya muerto, pues que á cabo de veinte años no a venido por ello; y lo que no me acuerdo bien y está en duda más quiero que se paguen que no dexallos de pagar, por tomar lo más sigurc.

19. Yo tenía un esclavo mio, que se llamava juan garrido; y hize donación dél al canónigo barva, que aya gloria, y no me dió interese por él ninguno. Murió el canónigo barva; dexó por heredero á el canónigo marín, que aya gloria, en corfianza sus bienes para una hija suya que tenía, y si la hija muriese que eredasen sus hermanos que vivían en aracena. El canónigo marín vendióme el esclavo por cincuenta ducados fiados, fiaco que le hizo una obligación por ellos; y no se los e pagado. También murió su hija; quedaron sus hermanos por veros herederos. Agora se a de ver si yo seré obligado á pagar los cincuenta ducados á los hermanos del canónigo barva, que aya gloria, ó no; por cuanto, cuando le hize la donación no me dió blanca ninguna por él, antes yo le dí al dicho canónigo barva muchas cosas en cantidad, que sumaron mucho más que los cincuenta ducados, aunque él me dió á mi regreso á su canonicato. Véase bien esto.

20. Paréceme á mí que quedé deviendo siete reales de cierta alcavala á un arrendador que se llama diego de ávila en xerez del ao jUdxxxij años.[16] Deve de ser muerto: dezyr misas por su alma en cantidad de los siete reales, que le quedé á dever.

21. Mi prima ana gutierres, que nuestro señor perdone, falleció y me dexó por albacea; y yo e sido descuydado en no cumplir su ánima como ella me la encargó. Y pues e sido yo descuydado, si no oviese vienes suyos de que se paguen, yo tengo de descargar su ánima á mi costa y de mis bienes y de mi dinero ciertos treintanarios que mandó, y hazer dezir ciertas misas vajo su testamento ante alonso sarmiento, escribano público que fué de xerez, creo que sería en el año de jUdxxvij años,[17] un año más ó menos, sacar el testamento, y cumplir su ánima. Tiene agora las casas, que ella dexó, una nieta de su hermana que se llama ynés de padlla, creo que quedó con ciertas fiestas que se an de dezir en

---

16   En 1532.
17   En 1527.

san salvador; sacar el testamento, y vello, todo y cumplir su ánima conforme al testamento sin que falte nada. De todas las deudas que yo devía á bartolomé sanches, que aya gloria, que mi prima que aya gloria, leonisa de vargas heredó, le quedo deviendo á leonisa de vargas tres mil y quince maravedís, y no más. Y destos se an de dezir ciertos treyntanarios y misas, que mandó ana gutierres su hermana, que aya gloria, de que yo fué[18] albacea. Digo le quedo á dever tres mil y trecientos y quinze maravedís.

22. Á hernando muño racionero de toledo le devo un ducado que me prestó cuando venimos juntos de roma. Páguensele, si fuere vivo; y sino, dígansalo de misas.

23. Á un portugués, que fué por my á la corte sobre un negocio, que al presente vivía en xerez, le devo tres ducados y medio. Díxome caçorla el procurador que gomes de ávila tenía poder suyo y un alvalá que yo le hize para cobrallo. Si es así, páguenle á él; y si no se hallare recaudo ninguno, ni á quien pagar, dígansalo de misas por su alma, que será ya difunto.

24. Á diego sanches campoverde, candelero, vezino de xerez, le devo seycientos y nueve maravedís de resto de cierta cera que me dió. Páguenselos.

25. Mi señor, luis ortiz que aya gloria, mercó unas casará san lucas en xerez de la frontera con cargo de ciento y veinte maravedís de tributo en cada un año, que dexó sancho días el santo para una fiesta de nuestra señora de la conceción; y no sé si dize la dicha fiesta. Téngolo de saber cuando dios me llamare á xerez; y si no se dize, fazer que se diga; y si la casa sobre la que está el tributo está vendida, como creo que está vendida, saber quién la mercó, y si la mercó con cargas del dicho tributo, ó no; y si no ay remedio de cobrarse el dicho tributo para la fiesta, daré yo otro tanto tributo á la fábrica, y que se faga la fiesta para siempre jamás, y pagar todas las fiestas corridas y que se digan; porque es cosa que toca á la conciencia de mi padre que aya gloria, y á la mía, y descargar ambas conciencias.

---

18   Sic.

26. Pedro de velasco me prestó dies ducados en roma. Es difunto. Creo será bien dezírselos de misas, aunque tiene un sobrino ques canónigo de sevilla y bien rico, que se dize michior de matamoros. Tomar consejo y ver lo que será mejor, si darlos á michior de matamoros ques su sobrino, ó dezírselos de misas. Como me aconsejaren, así haré.

27. Devo el diesmo del año ce jUdxxx[19] del vino. Creo que sería diesmo de dos carretadas de uva. Creo que fueron desmeros aquel año mendaño y su conpanero. Páguenselo.

28. Del año de jUdxxxj años[20] devo diesmo de una carretada de uva. Creo que fué desmero catano. Páguenselos.

29. Mi señora, que aya gloria, devía por su madre, mi abuela que aya gloria, de xerez ocho reales. Tengo yo de pagallos á la misericordia.

30. Al ospital de la sangre de xerez deve otros cuatro reales. Téngolos yo de pagar; anse de pagar á las mandas forzosas.

31. Á una pobre se a de dar una manta por mi señora.

32. Mi señor, que aya gloria, quedó deviendo á un casero, que murió en roda la vota,[21] mill y quarenta maravedís. Dígansele de misas por su alma.

33. Devo el diesmo de cincuenta vellocinos de lana, que son cinco vellocinos, á la Collación de san dionisio, donde yo nací,[22] creo que era al albarraniego;[23] creo

---

19 1530.
20 1531.
21 Sic.
22 Parroquia de San Dionisio en la ciudad de Jerez de la Frontera. No consta en qué año nació. En 1521 tenía ya edad de contribuyente. Véase el núm. 67.
23 Forastero, según el diccionario de la Real Academia Española, pero aquí «albarraniego» parece tener una significación más especial y concreta.

que fueron arrendadores el año de jUdxxvj[24] cavañas especiero y hernando de mendoça. Podrían valer medio ducado; páguense.

34. Devo á blanca rodrigues, mi vecina en xerez, de [h]echura de dos camisas, que podría ser un ducado. Páguenselo.

35. Más devo á alonso de vaeza, vezino de xerez, cuatrocientos y treynta y siete maravedís y medio de resto de cierto aceyte que le vendí. Es difunto; téngoselos de dezyr de misas por su ánima.

36. Más devo á juan de xerez correero una cinta que me dió en un real. Es difunto; dezylle una misa.

37. Á la viuda de diego tristán, vezyna del puerto de santa maría soy en cargo de un ducado, que me dió demasiado, cuando le medí las villas. Si es viva, pagárselo; y si es muerta, dezírselos de misas por su ánima.

38. Más devo á ynés martines, donzella que fué de mi señora que aya gloria, cuatro ducados. Mora en medinaçidonia; páguenselos.

39. Más devo á bartolomé mateos cuatro reales y medio de cierto alcacel que me vendió. Creo que ya son muertos todos sin dexar generación. Díganselos de misas por su alma.

40. Á horosco vezyno de xerez devo un ducado de una mula que le merqué de resto. Es difunto. Á sus herederos se pague, ó se le diga de misas.

41. Sobre aquella hazuela, que yo tenía entre los caminos de calagorra,[25] me dizen questán cincuenta maravedís de tributo al señor san lucas. Sépase de los curas; y si están, tengo yo de dalles otros cincuenta maravedís de tributo, porque se vendieron las tierras sin cargo del tributo, y más pagar todas las fiestas,

---

24   1526.
25   En Jerez.

que no se an dicho, fasta la real restitución, y ver quién dexó estos cincuenta maravedís á la fábrica, y saber á quién toca la restitución dellos.

42. Á mi tio lope martines de trugillo le devo medio ducado de un patio que le merqué.

43. Mi señora devía á juana gomes un ducado. Téngolo de pagar, ó dezillo de misas por su ánima de juana gomes.

44. Mi señora, que aya gloria, devía á moreno, cavador, real y medio de una traydura[26] de unos ladrillos. No sé quién es el moreno; dígansele una misa por su ánima.

45. Yo soy un cargo de una cera, que llevé de san dionisio y la di á un frayle que se fué á las indias. Tengo de dar otra cera á san dionisio.

46. Á diego bernal clérigo le soy en cargo de un virgilio grande con conmento Pagárselo.

47. Á un alonso lopes carretero, que sembró un año en calahorra,[27] devo seys reales de ciertas cuentas. No sé quién es; dígansele de misas.

48. Á un moço, que coxí en el arenal para esconder, me dexó un talabarte en prendas, y nunca volvió más. Valdría el talabarte real y medio; dígalen[28] tres misas por su alma.

49. Á un hombre, que coxí para trabajar, me dexó un sonbrero en prendas y no volvió más por él. Díganle dos misas.

---

26 Traída. El vocablo traidura no está registrado por el Diccionario de la Real Academia Española. Cónstame que se usa en la provincia de Zamora.
27 En el número 41 se escribe «calagorra».
28 Dígale. Modismo notable.

50. Á martín lopes, trabaxador, le quedé á dever veinticinco maravedís de cierta cuenta. Díganle una misa por su alma.

51. Á su muger de cacho, vezina de xerez, le quedé á dever dos reales. Creo que será ya muerta; díganle dos misas por su alma.

52. Á luis deça yerno de Juan tarégano, ques ya difunto, le quedé á dever quinientos y veinticinco maravedís. Tiene una hija en sevilla, casada con gaytán. Pagárselos á su hija, que vive en sevilla y se llama doña catalina. Conócela antonio de noguera mercader.

53. Juan agustín de spíndola[29] me dixo que mi padre, que aya gloria, le devía dos mill maravedís de cierta cuenta que tuvo con mi padre, que aya gloria. Puede ser sí, y puede ser no: tomar lo más siguro. Díganse misas los dos mill maravedís; y nuestro señor jesucristo los reparta por el ánima de cuyos fueron los dichos dos mill maravedís.

54. Mi tia catalina suarez me mandó que diese á un su conocedor un ducado que yo devía, y nunca se lo dí. Si ella lo pagó por mí no lo sé. Dígase el ducado de misas, y nuestro señor los aplique por cuyo era el ducado.

55. Á gonçal iañez mi casero, que murió en la misericordia le quedé á dever medio ducado. Dexó por heredera á la misericordia de xerez. Páguesele.

56. Á trugillo graviel le devo real y medio de una cuarta de aceyte, que valía entonces. Creo que es muerto. Díganle una misa por su ánima.

57. Á sevastián gaytán devo otro real y medio. Páguese á su hijo, que mora en sevilla, con la otra restitución de su muger.

58. El año de jUdxxxv años[30] devía de diesmo cuatro arrobas de aceyte. Los canónigos de xerez dezían que el diesmo era suyo; su magestad del emperador

---

29 Sic.
30 Año 1535.

que era suyo. Valdrían dies y seys reales. Díganse de misas; y nuestro señor las reparta por cuyas fueren.

59. Más soy en cargo á un mancebo, que no sé cómo se llama, de dos ducados que por amor de rodrigues hize que no pagase del *alquilé*[31] de su casa en que vivió. Páguense.

60. Á un hombre, que stuvo conmigo, le quedé deviendo siete reales de su soldada. No sé quién es; dígarselos de misas.

61. Á un cerera[32] le soy en cargo de veinte maravedís. Díganle una misa por su alma.

62. Acuérdome que yendo á caza tomé á unos cazadores una liebre; y la avían tomado sus perros. Díganle una misa por su alma.

63. Á ramírez el caldeicero[33] scy en cargo de trecientos y noventa y dos maravedís y medio. Es muerto; díganselos de misas.

64. Si bien me acuerdo, paréceme á mí que un hombre me truxo cierto atún que valdría dos ducados; y nunca más vino por el dinero; ni sé como se llama y á quien los tengo de restituir los dichos dos ducados. Será muy bien que se digan de misas por su ánima, cue creo yo que será ya muerto.

65. Á tozina en xerez devo dos arrobas de azeyte del diesmo que tuvo el año de jUdxxxij años.[34]

66. Yo me hallé un real. Tengo de dezylle una misa por alma de cuyo era.

---

31 Vocablo formado de Palabra en árabe (alquiré) y predecesor de alquiler.
32 Sic.
33 Sic. ¿Calderero?
34 1532.

67. Más, somos en cargo yo y mis hermanos á lorenço núñez de cinco mill y qui-nientos y doze maravedís del trigo que pagó él por nosotros el año de jUdxxj,[35] á la yglesia del puerto. Sobre lo que yo le tengo dado, le restamos deviendo los dichos cinco mill y quinientos y doze maravedís. Porque es deuda de mi padre que aya gloria, la quiero yo pagar.

68. Gonçalo de la torre, vezino del puerto de santa maría, me enseñó una carta de mi padre que aya gloria, por la qual le mandó pagar á hernando de medina cuatro ducados. Páguenselos.

69. Más, le soy en cargo á martires, la del puerto de santa maría, de ochocien-tos y treinta y dos maravedís. Páguenselos.

70. Más, soy en cargo de un pañizuelo de narizes que me hallé, que valdría un real [y medio]. Díganle una misa por su ánima de cuyo era.

71. Á aguilar el viejo devo cuarenta y cinco maravedís de unas riendas que me vendió.

72. Á socia el viejo le devo veinte y dos reales y medio de seda que me dió. Téngolos de pagar.

73. Á Juan muñoz sastre devo un ducado de cierta cuenta que entre él y yo tuvimos. Páguenselo.

74. En una casa mia moró una vieja que se llamava ysabel garcía, la qual en muchas vezes me dió dineros de su propia voluntad, y andava á pedir por dios por las calles. Y paréceme á mí que estos dineros que me dió, que sería yo obligado á restituyllos, aunque fueron dados de su voluntad; y me parece á mí que serían como treynta ducados, aunque todo el tiempo que moró en mi casa no me pagó alquilé ninguno, y se podrían desquitar en los alquilées; pero lo más sano será dezille estos treinta ducados de misas por su ánima; que los había bien menester sigún andava.

---

35   1521.

75. Todo lo qual, que dicho es, va scripto de mano y letra de mí el dicho obispo en nueve hojas y esta media sin la cabeça que está al principio, y este p e que va firmado de mi nonbre é quiero é mando que todo lo contenido en las dichas nueve hojas y media, cue así van scriptas de mi mano y letra, se guarce y pague y cumpla, según é como lo tengo dispuesto é mandado; y lo firmo ce mi nonbre. Fecha en Sevilla, á veynte é tres de setiembre de mill é quinientos y setenta años.[36]

76. É yo el dicho obispo quiero é mando que todo, lo que por las dichas partidas de suso yncorporadas yc declaro que devo, se pague de mis bienes á las personas que lo ovieren de aver ó por las causas y según que en las dichas partidas va declarado; y así mesmo se pague y cumpla todo lo demás que por descargo de mí conciencia y de la conciencia de los dichos mis padre é madre é de otras personas tengo dispuesto é mandado; y en las cosas que por las partidas contenidas en el dicho memorial pareciere que hay duda, y no queda resuelto si yo verdaderamente soy obligado á la paga é satisfacción dello ó no, quiero é mando que luego que yo sea fallecido se traten ó comuniquen con letrados de ciencia y conciencia todas las cosas y casos contenidas en el dicho memorial, y visto y entendido por ellos se pague y faga y cumpla sin pleito lo que paresciere yo dever ó ser obligado á pagar é fazer é cumplir sobrello é cada cosa dello á quien é como lo oviere de aver, por que mi yntención é voluntad es de fazer é cumplir é pagar é que se haga y cumpla é pague de mis bienes todo lo que en justicia y en conciencia yo soy é fuese obligado en razon de todo lo contenido en el dicho memorial; lo qual quiero y mando que se haga é cumpla con todo cuydado brebedad y deligencia, con declaración que veynte é cincos[37] reales que en la segunda partida del dicho memorial declaré dever á pedro de selórigo calero,[38] no se le paguen por que ya se los tengo pagado.

77. Iten digo que por quanto entre mí y hernán dálvares, vezino de sevilla, a avido y ay cierta diferencia sobre que me pide le pague ciertos mejoramyentos

---

36   «Hay una firma ininteligible.» Nota de la copia auténtica.
37   Sic.
38   Núm. 10.

que hizo en un molino de azeyte de la heredad de torre blanca, que yo le tenía arrendada, la qual dicha diferencia yo y él comprometimos en luys sanches mallén clérigo presvítero y en diego beltrán albañí[39] é por que yo no quiero traer ni que se trayga pleito con el dicho hernán dálvares, quiero é mando que en pago é recompensa de todo lo qual dicho hernán dálvares me pedía de los dichos mejoramientos y cosas quel dicho hernán dálvares me pedía, se le dén ó paguen de mis bienes quarenta ducados, é más se lo suelten nueve arrobas y media de azeyte y un d.º, que deve del diesmo del azeyte de torre blanca del año pasado de sesenta y nueve; y si el dicho hernán dálvares no se quisiere contentar con ello y dar por libres á mis bienes de todo lo que day[40] me pedía mando que no se le den los dichos quarenta ducados y se cobren las dichas nueve arrobas y media de azeite, y el dicho un ducado que me debe, y se siga el pleyto de la dicha diferencia, é se pague de mis bienes lo que yo paresciere deverle por razón della.

78. Iten declaro que devo á madalena de quirós, muger de juan lópez vedriero, quinze ducados é dies reales que me a prestado en diversas veses y me a dado a guardar; mando que se le paguen de mis bienes.

79. Iten mando que se le den de mis bienes á la dicha madalena de quirós otros cuatro D.os por servicios que me a hecho.

80. Iten mando que leonor, mi esclava de color negro questá en mi casa, syrva á la dicha madalena de quirós tiempo de dos años primeros siguientes despues de mi fallecimiento, y que después de cumplidos los dichos dos años de servicio dende en adelante la dicha leonor mi esclava sea é quede, é yo desde agora la doy, por libre é horra é no sujeta á cativerio ni servidumbre alguna.

81. Iten mando que tomasina mi esclava, hija de la dicha leonor, que al presente será de edad de quatro años poco más ó menos y es de color mulata sirva á la dicha madalena de quirós tiempo de doze años primeros siguientes despues

---

39   Sic. De Palabra en árabe (albanné). La letra final, así en albañil, como en alquiler, es eufó-
      nica. Véase el núm. 59.
40   De ahí.

de mi fallescimiento, y dende en adelante que los dichos doze años del dicho servicio sean cumplidos la dicha tomasina mi esclava sea é quede, é yo la doy, por libre y no sujeta a cautiverio ni servidumbre alguna; lo qual que dicho es mando á la dicha madalena de quirós por servicios que me a hecho é cargos é obligaciones en que le soy.

82. Iten mando a doña marina de truhillo y a doña leonor de gatica, monjas profesas en el dicho monesterio de nuestra señora de la encarnación, á marina mi esclava de color mulata hija ce la dicha leonor mi esclava que será de edad de ocho años para que la dicha marina mi esclava sirva á las sobredichas todos los días de sus vidas, é si la una fallesciere sirva á la otra que quedare todos los días de su vida, con tal cargo é condición que la postrera que quedare biba, pueda ahorrar a la dicha marina mi esclava é vendella é dexalla é mandalla á quien quisiere ó por bien tuviere para después de los dichos dias de su vida libremente, syn quel dicho monesterio n su perlado se lo pueda impedir ni contradezir ni entremeterse en ello, y sy se lo pidiere é contradixere ó se entremetiere en ello desde agora para entonces reboco esta manda á las sobredichas, é mando la dicha marina esclava á al dicho álvar lopes de gatica mi sobrino vezino é veynte é quatro de la dicha Ciudad de xerez, por que con este cargo mando la dicha, esclava á las dichas monjas é no de otra manera.

83. Iten declaro que una cama de red é lienzo con dos colchones, y dos sábanas é dos almohadas y una armadura de madera y una colcha de fustán en cue yo estoy acostado, y quatro arcas de madera y dos syllas y un paño de corte y dos paños de red labrada y un estera de junco questá en mi casa, todo es de la dicha madalena de quirós; é yo no tengo en ello parte ni derecho algunc; y asy mando que se le dé libremente con más todas sus ropas y vestidos y otras cosas que tiene dentro en las dichas casas y otras alhagas[41] y muebles de casa que fueren suyos y asy mesmo se le de y entregue dos calderas una grande y una pequeña que son suyas.

84. Iten mando que se den y entreguen á un carpintero, ques trompeta y lo conosce pedro despinosa, unos tapiales con los aparejos que tuvieren, en pago

---

41   Sic.

é recompensa de ciertos días que trabajó en hacer los dichos tapiales y unas aguaderas y otras ciertas cosas que me hizo é le devo; en pago de todo lo qual quiero é mando que se le den los dichos tapiales por todo lo que ha labrado en mi casa.

85. Iten digo que por quanto yo he tenido quenta con diversas personas sobre las rentas de mi obispado é solares y casas de santelmo y otras cosas y lo que me devan y an pagado lo tengo scripto y asentado en mi libro y otras memorias aparte scripto todo de mi mano mando que se cobre de cada uno lo que paresciere deverme, resiviéndole en qüenta lo que paresciere averme pagado por conoscimiento firmados de mi nombre é por el dicho mi libro y quentas y memorias, por las quales mando que se fenesca con ellas, por que yo declaro que son ciertas é verdaderas.

86. Iten mando que Juan, de color mulato, de hedad de dies años y luis de hedad de un año de color mulato, mis esclavos hijos de la dicha leonor sirvan al dicho álvar lópez de gatica, cada uno de ellos tiempo de seys años primeros siguientes después de mi fallecimiento, é dende en adelante que los dichos seys años del dicho servicio sean cumplidos los dichos [juan] é luis mis esclavos sean y queden é yo los dexo por libres é horros é no sujetos á cativerio ni servidumbre alguna.

87. Y pagado é cumplido este dicho mi testamento é lo en él contenido y declarando en el dicho memorial que en él va yncorporado, dexo é nombro por mi legitimo y unyversal heredero en el remaniente de todos mis bienes muebles é raizes é semovientes deudas derechos é acciones y otras cosas qualesquier, que de mi quedaren é finaren, al dicho álvar lópez de gatica mi sobrino vezino é veynte é quatro de la dicha ciudad de xerés de la frontera, al qual yo dexo é ynstituyo por mi ligítimo é universal heredero, según dicho es.

88. E para pagar é cumplir este dicho mi testamento é lo en él contenido dexo é nombro por mis albaceas para que lo paguen é cumplan de mis bienes, sin daño alguno dellos ni de los suyos, al dicho álvar lópez de gatica mi sobrino, [é] á el licenciado olivares de la barrera vezino desta ciudad de sevilla; á los quales y á

cada uno dellos *ynsolidum*[42] doy poder cumplido para que por su propia voluntad sin licencia de juez ni de otra persona alguna puedan, ó cualquier dellos,
entrar é tomar é vender é rematar tantos de mis bienes quantos basten é cumplan para pagar é cumplir este dicho mi testamento; y qual ellos lo hizieren por
mi ánima, tal depare dios quien haga por las suyas quando deste mundo fueren.

89. E otro sy, yo el dicho obispo otorgo que hago y ordeno este dicho mi testamento y mando que se guarde y pague é cumpla todo lo que en él se contiene
é declara en virtud de cierta l cencia é facultad que para lo fazer é otorgar me
dió é concedió su santidad de papa pio quarto de felice recordación, scripta en
pergamino y sellada con el sello del oficio de la penitençeria en el año quarto
de su pontificado, que originamente entrego al presente scrivano publico, para
que la tenga en su poder con este mi testamento, en virtud de la qual é como
mejor pueda é de derecho aya lugar, hago é otorgo este mi testamento y mando
que se pague é cumpla como en él se contiene.

90. E reboco é anulo é doy por ningunos é de ningun efecto é valor todos é
qualesquier testamentos mandas é codicilos é otras qualesquier dispusiciones
que yo haya hecho é otorgado así por scripto como de palabra en todo el
tiempo pasado hasta el día de oy, para que no valgan ni alguno dellos,[43] salvo
este que agora otorgo, en que declaro que es cumplida é acabada mi final é
postrimera voluntad; é mando que se guarde y cumpla y execute en todo é por
todo como en él se contiene.

91. En testimonio de lo qual otorgué la presente carta de mi testamento anel
scrivano público y testigos yuso scriptos; ques fecha y otorgada en las dichas
casas de santelmo, estramuros de la dicha ciudad de sevilla, sábado veynte é
tres dias del mes de setiembre año del nascimiento de nuestro salvador jhs
xpo[44] de mil y quinientos y setenta años.

---

42 *In solidum.*
43 Uno de ellos es el que hizo en Sevilla (1.º Julio, 1562) ante Juan Rodrigo de la Torre.
44 Jesucristo. Compárese la firma autógrafa de Cristóbal Colón, que conjeturo se puede bien
    interpretar en esta manera sencillísima: S[ignum] | S[alvatoris], A[rca] S[alutis] | xmi (,
    nomen meum) | Ξρ[ιστ]ο ferens. Colón, inspirándose en cuatro pasajes bíblicos (Math.

92. Y su señoría, al qual yo el scrivano público yuso scripto doy fe que conosco, lo firmó de su mano en este registro, siendo testigos antonio vázquez, é alonso vs., é gonçalo de padilla scrivanos de sevilla. =G° de padilla s.no de s.ª = ant° vazquez scrivano de S.ª = Rui Gomez scno. pu.co de s.ª

Sevilla, 3 y 5 de Octubre, 1570. Traducción autorizada del rescripto de la Penitenciaría (4 Octubre, 1560), original y expresado en el testamento bajo el núm. 89. Notaría 16 de las de Sevilla, libro 2.º del protocolo del año 1570, folio 574 vuelto.

En la muy noble é muy leal cibdad de Sevilla, martes[45] tres dias del mes de Octubre año del señor de mill é quisnientos é setenta años, ante mí el muy magnífico señor licenciado maldonado theniente de asistente desta cibdad de sevilla y su tierra, y en presencia de mí Rui gómez scrivano público de Sevilla é testigos yuso scriptos parezió el Sr. álvar López hortiz de Gatica veynte é quatro é vezino de la ciudad de xerez de la frontera; y dixo que por quanto el yll.º S.or don Sancho díaz de truxillo obispo que fue *de marruecos é de san telmo* difunto, que sea en gloria, hizo é otorgó ante mí el dicho scrivano público su testamento é última voluntad, debaxo del qual murió, por virtud de cierta licencia é facultad que para lo facer é otorgar tuvo é le dió é concedió su santidad del papa pio quarto de felice recordación, scripta en pergamino é sellada con el sello del oficio de la penitencería en letra y lengua latina, de que el dicho señor obispo hizo presentación ante mí el dicho scrivano público para que la pusiese con el dicho su testamento, que pasó é se otorgó en veynte y tres dias del mes de setiembre pasado deste dicho año, y que por que la dicha licencia é facultad está scripta en la dicha letra é lengua latina y por que se sepa y entienda lo en ella contenido es necesario que se trasunte é romanse[46] en nuestra lengua é vulgar castellano, por tanto que pedía é pidió al dicho señor theniente mande á mí el dicho scrivano

---

XXIV, 30; Joan. XIX, 20; Hebr. XI, 7; 1 Petr. III, 18-20), emplea para denotar su nombre las tres lenguas que se inscribieron en el título de la Cruz, primera y ejemplar *Christoferens.*

45   En la copia legalizada, que ha venido a la Academia, se lee: «sabado, tres días del mes de Otr.e» El anacronismo es evidente.

46   Romancee.

público que esiva[47] la dicha licencia é facultad que, como dicho es, el dicho señor obispo presentó ante mí é tuvo de su santidad para fazer é otorgar el dicho testamento, y que asy esivida pedía é pidió al dicho señor teniente la mande trasuntar e romansar por persona, que dello sepa, en nuestra lengua é vulgar castellano; é que el trasunto se ponga con el dicho testamento, y se le dé del dicho trasunto los traslados que pidiere signados é firmados en pública forma y manera que fagan fee, interponiendo en ellos y en cada uro dellos su autoridad y decreto judicial para que valgan y fagan fee é prueva en juizio é fuera dél como el dicho original pareciendo, entendiéndose lo en él contenido; é que si otro más cumplido pedimento le conviene hazer lo haria é hizo, é pidió justicia. Testigos al.º r.ª é di.º lópez scrivanos de Sevilla. É por el dicho señor theniente visto lo suso dicho, dixo que mandava é mando á mí el dicho scrivano público que si el dicho S.or obispo otorgó ante mí el dicho testamento y presentó y entregó la dicha licencia é facultad de su santidad para lo fazer é otorgar, que la esiviese luego ante su merced é que vista, proveerá justicia. É luego yo el dicho scrivano público dixe al dicho señor theniente que es verdad que el dicho señor obispo otorgó ante mí el dicho su testamento por virtud de la dicha licencia é facultad que para ello dixo tener de su santidad, la cual dió y entregó y presentó ante mí el dicho scrivano scripta en pergamino y sellada con el dicho sello en letra y lengua latina como por ella parecía; la que hize muestra ante el dicho señor theniente. Y luego el dicho señor theniente tomó en sus manos la dicha licencia y facultad, y visto que estava sana é no rota ni cancelada ni en parte alguna sospechosa, antes careciente de todo vicio é suspensión, dixo que mandava é mandó que la dicha licenca se trasunte en nuestra lengua é vulgar castellano; é que por que le consta que antonio Ramos clérigo notario vez no desta dicha cibdad es persona ábil y suficiente para fazer el dicho trasurto, que mandava é mandó á mí el dicho scrivano público notifique al dicho Ramos notario que lo haga bien y fielmente á su leal saber y entender, é que mandava é mandó á mí el dicho scrivano público que el tal trasunto lo ponga en mi registro con el dicho testamento, y dé dello al dicho álvar lópez ortiz y á las demás personas que dello se pretendieren aprovechar los traslados que me pidieren, signados é firmados en pública forma y manera que hagan fee;

---

47 Exhiba.

en los quales y en cada uno dellos el dicho señor theniente dixo que ynterponía é ynterpuso su autoridad é decreto judicial, é que mandava é mandó que valgan é fagan fee é prueba en juicio é fuera dél, como el dicho original pareziendo, entendiéndose lo en él contenido; e así lo proveyó é mandó é lo firmó. Testigos los dichos scrivanos de Sevilla. =llic.do maldonado = Ruis gómez scrivano público de Sevilla.

E después de lo susodicho, en la dicha cibdad de Sevilla, jueves[48] cinco dias del dicho mes de otubre del dicho año, yo el dicho scrivano público notifiqué lo mandado por el dicho señor teniente al dicho ant.º Ramos notario en su presencia[49] el qual dixo que está presto de fazer el dicho trasunto. Por lo qual yo el dicho scrivano público le dí y entregué la dicha licencia é facultad original; y el dicho antº Ramos dixo que juraba é juró por las hórdenes que recibió y por su consagración poniendo las manos sobre sus pechos, en virtud del qual prometió de hacer el dicho trasunto de la dicha licencia é facultad de la dicha letra é lengua latina, en que está, en nuestro romance y vulgar castellano bien y fielmente á su leal saber y entender syn quitar ni acrecentar cosa alguna. Testigos los dichos scrivanos de Sevilla.

E después de lo susodicho, en la dicha cibdad de sevilla en este dicho día mes ó año susodicho ante mí el dicho scrivano público é testigos pareció el dicho antº Ramos notario; y me volvió y entregó la dicha licencia é facultad original, y presentó este trasunto que della dixo que avía fecho en nuestra lengua y vulgar castellano. Su tenor de el qual es este que se sigue.

«Raynuntio[50] por la miseración divina presbítero cardenal del título de sancto ángelo, al venerable in christo padre y señor don sancho de truxillo, por la gracia de dios obispo de marruecos, salud y limpia caridad en el señor.

Teniendo devido respeto á vuestra persona, devota á la sede apostólica, pudiendo los vuestros merescimientos, en quanto con dios podemos damos

---

48   Copia «lunes».
49   Copia «perna».
50   Raynuccio Farnesio se llamaba.

consentimiento favorablemente á vuesros deseos, por los quales podais preve-
nir el dia extremo de vuestra peregrinación con disposición de vuestros bienes
é para que os podais mostrar grato acerca de las personas que os ovieren
servido; de aquí es que nos ynclinados á vuestras devotas suplicaciones por el
autoridad de nuestro señor el papa, de cuya penitiencería tenemos cuydado,
y de su especial mandado á nos sobre esto hecho con oráculo de biba voz,
por el tenor de la presente os damos plenaria y libre facultad para que podais
libremente testar de cualesquier bienes vuestros y nombres de deudas é de
derechos y actiones, de cualquier parte que á vos del todo pertenescan é que
lícitamente ayais adquirido, pero no por la iglesia ó yglesias á vos cometidas,
é para que podais disponer de los bienes muebles ecclesiásticos á vuestra
disposición ó administración cometidos, con tanto que no sean del altar ó
altares de las yglesias á vos cometidas diputados al especial uso ó divino cuto
de las dichas iglesias; é otrosí, de qualesquier bienes muebles por vos lícitamente adquiridos por la yglesia ó yglesias y de los no muebles también, de
los fructos rédditos y provertos y emolumentos de la dicha yglesia ó yglesias
usando dellos estrechamente, y para que los podays mandar y convertir para
las decentes y honestas costas de vuestro entierro y por remuneración de
aquellos que á vos biviendo os uvieran servido, agora sean consanguineos ó
otras qualesquier personas, moderadamente conforme al mérito de su servicio,
y para qualesquier pios é lícitos usos, aunque sea en los estremos de vuestra
vida é faciendo testamento, y aquel mudando quantas vezes quisierdes, é para
que podays fazer donación por causa de muerte con tanto que ante todas
cosas de todos los dichos bienes se saquen el dinero ageno y aquellas cosas
que fueren necesarias para reparar las casas ó edificios que están en los luga-
res de vuestras yglesias ó beneficios que por vuestra culpa ó negligencia de
vuestros procuradores estuvieren destruydos ó deteriorados, y para restaurar
los otros derechos de las dchas yglesias ó beneficios que por la dicha culpa
ó negligencia estuvieren perdidos. Sobre lo qual, por la dicha autoridad y
manda, lo cometemos al R.co in christo padre y señor Don alonso carrafa, por
la miseración divina diácono cardenal de Sant Juan y Sant pablo, regente de la
cámara apostólica, ó á su vice regente, y á los venerables in christo padres por
la gracia de dios arzobispo de sevilla[51] é obispo de Cádiz[52] ó á sus vicarics ó

---

51   Fernando de Valdés.
52   Jerónimo Teodolo.

oficiales generales en lo espiritual, y á qualquier dellos para que asistiendo con presidio de eficás[53] defensión en lo susodicho por sí ó por otro é otros á vos y á las personas, en cuyo favor por vigor de las presentes dispusierdes, hagan que vos y ellos respectivamente useis y gozeis pacíficamente de las presentes letras y del efecto dellas, no permitiendo que vos ú alguno dellos sobre los dichos bienes seays en qualquier manera molestados perturbados ó ynquietados por los colectores ó subcolectores de la cámara apostólica ó por otros qualesquier, así eclesiásticos como seglares, jueces y personas de qualquier estado, grado, orden ó condición que sean y de qualquier dignidad aunque sea pontifical, é de qualquiera auctoridad aunque sea apostólica, que gozen, conpelliando á los contradictores y rebeldes por censura eclesiástica y los otros oportunos remedios del derecho, postpuesta l[a] apelación, ynvocando también para esto, si fuere necesario, el auxilio del braço seglar, no obstante las constituciones é ordenaciones apostólicas, é así provinciales como sinodales, é los estatutos y costumbres de las dichas yglesias aunque sean corroborados con juramento, é confirmación apostólica, é qualquier otra firmeza, é todas las otras cosas que en contrario sean.

Dado en Roma cerca de Sant Pedro, so el sello del oficio de la penitenciería, á quatro dias de octubre año primero del pontificado de nuestro señor Pio papa quarto.»

M. Bejer. =Juan curreto.

Sacado de lengua latina en castellana por mí Antonio Ramos. De lo cual, que dicho es, yo el dicho scrivano público, de pedimento del dicho S.r álvaro López ortiz de gatica y por mandado del dicho S.r teniente, dí la presente; que es fecha en la dicha cibdad de Sevilla, los dichos dias mes é año susodichos, siendo testigos los dichos alonso R.s y diego lópez escrivanos de Sevilla. =Rui gómez scrivano público de Sevilla.

Muchísimos son los datos biográficos de varón tan ilustre é históricos, así de Jerez su patria, como de Sevilla, que á la luz de ambos documentos

---

53 Sic.

se puede fácilmente colegir. El más importante es la fecha de la defunción, cuya noticia había llegado á Madrid el día 3 de Octubre de 1570 y promovió el expediente, publicado en nuestro BOLETÍN,[54] que acabó en manos de la Inquisición con los últimos reflejos de jurisdicción episcopal sobre San Telmo, reivindicada (según se ha visto) por D. Sancho Díaz Trujillo á su mitra de Marruecos. Con esta persuasión bajó á la tumba.

El rescripto de la Penitenciaría (4 Octubre, 1560), dista pocos días del propio de la bula Dudum siquidem (16 Septiembre), y no dilucida la cuestión, todavía pendiente, del tiempo preciso en que fué elegido y consagrado el obispo D. Sancho Díaz. La bula ya le supone revestido de aquella dignidad;[55] y como quiera que D. Sebastián de Obregón falleció á 8 de Enero de 1559, y consta por otro lado que en 27 de Septiembre de este mismo año la mitra de Marruecos no estaba vacante,[56] nos quedan por tantear otros caminos para llegar á la solución del problema. Hay que acudir al último, ó á los últimos libros del Registro de bulas de Paulo IV († 18 Agosto, 1559) archivados en el Vaticano; é importa explorar con mayor atención los archivos de Jerez y de Sevilla, eclesiásticos y civiles.

En su carta última[57] me ha proporcionado D. Simón de la Rosa nuevos datos, que ha recabado de la Vicaría eclesiástica de Jerez de la Frontera.

«Fué Don Sancho Díaz Trujillo canónigo de la Colegial de aquella ciudad. Existe en la Colegial el Registro de todos los que han pertenecido al Cabildo, siendo de notar en él la costumbre de poner al margen el año de ingreso, y debajo del nombre el año del fallecimiento, ó el punto ó destino para el que había salido. Por lo que hace á nuestro propósito, allí se lee:

4.ª Canongía.

---

54 Tomo XVI, pág. 193.
55 «Ecclesie Marroquitane, cui venerabilis frater noster Sanctius Diaz Episcopus marroqui-tanus preest,... ipsius Sanctii episcopi expresso ad hoc accedente consensu.» BOLETÍN, tomo XVI pág. 195.
56 Idem, pág. 104.
57 Sevilla, 15 agosto de 1890.

1539. Don Sancho Díaz Gatica,

Obispo de Marruecos.

En la iglesia parroquial de San Dionisio, donde fueron enterrados sus padres, no está su partida de bautismo, ni queda rastro de su sepultura. Las transformaciones, que más de una vez ha sufrido el pavimento del templo, han hecho desaparecer todas las lápidas.

En 1.º de Julio de 1562 hizo en Sevilla testamento ante Juan Rodrigo de la Torre, é instituyó una memoria de misas, cumplidera en dicha parroquial de San Dionisio; y para ella gravó una casa de su propiedad, sita en calle Algarve y con cuatro puertas. Esta memoria elevóse á capellanía por virtud del testamento[58] otorgado en 23 de Septiembre de 1570. En 1571, su heredero y patrono de la capellanía Don Álvaro de Gatica dió la casa á censo en 335 reales y 17 maravedís; censo, que en 1817 pagaba D. Sebastián Villagrán. En alguna transacción de la finca debió pasar el censo á la casa núm.º 1 de la calle Juan de Abarca; pues sobre ella lo pagó hasta Marzo de 1873 D. Joaquín María Aguado, quien parece lo redimió ante la Comisión eclesiástica.»

La defunción es anterior al 3 de Octubre de 1570. Acaso la equivocación, que he notado en la primera fecha del segundo instrumento «sábado 3 Octubre» provenga de una distracción del notario Ruy Gómez, que omitió «treinta de Septiembre» en cuyo día fué sábado, y nos explica cómo llegó á Madrid en 3 de Octubre la noticia del óbito. Deseoso de apurar la verdad ha recurrido el Sr. La Rosa á la parroquial de Sevilla, titulada de San Bernardo, en cuya feligresía está enclavado San Telmo; pero se ha encontrado con que las partidas de sepelio comienzan mucho después.

---

58   Véase el núm. 5.

Fray Pedro de Montemolín (1487...)

En el episcologio de Marruecos los Sres. Fort y La Fuente han dejado un claro considerable entre los años 1487 y 1512.[59] El franciscano Fray Alonso Pernas, que en 1449 era obispo de Marruecos, pasó á serlo de Almería en 1487; circunstancia que va rotó el P. Gams.[60] Hasta el concilio provincial de Sevilla, celebrado en 1512 por el arzobispo D. Diego Daza y al que asistió (convocado no como auxiliar, sino como sufragáneo) el obispo de Marruecos D. Martín Cabeza de Vaca, corre un cuarto de siglo; circunstancia, que habría debido suscitar y aguzar la sospecha de que por ventura hubo algún obispo intermedio. Con efecto, D. Martín Cabeza de Vaca era todavía obispo de Marruecos eu 1521; y aunque se ignora cuánto tiempo en adelante lo fué, no se haré difícil hoy por hoy suponer que esté indicado á corta diferencia por la fecha de la consagración del sucesor, que tuvo lugar en domingo, 1.º de Marzo[61] de 1534.

Dan clara luz á esta controversia dos bulas de Inocencio VIII (17 Diciembre, 1487) dirigidas al insigne dominico Fray Pedro de Montemolín y compendiadas en el Bulario de la Orden, que compaginó el P. Tomás Ripoll é ilustró el P. Antonino Bremond.[62]

Ex Archivo Apostolico, *Lib. LX, fol.* 346.

Innocentius Episcopus, servus Servorum Dei, dilecto filio Petro de Montemolin, electo Marochitan[o] Salutem et Apostolicam Benedictionem.

Ex suscepto etc. Dudum siquidem bonæ memoriæ Alfonso Episcopo Marochitan, etc., præsidente, nos cupientes eidem ecclesiæ cum vacaret etc. provisionem ipsius ecclesiæ ordinationi et dispositioni nostræ etc. decernentes ex tunc irritum et inane etc. postmodum vero præfata ecclesia per obitum ejusdem Alfonsi Episcopi, qui extra Romanam Curiam etc. nos vacatione hujusmodi fide dignis

---

59   *España Sagrada*, tomo LI, pág nas 207 y 208. Madrid, 1879.
60   Series episcoporum Ecclesiæ Catholicæ, pág. 3. Ratisbona, 1873.
61   «Mayo» en el tomo LI de la *España Sagrada*, pág. 208; pero el error pronto se ve y se corrige con advertir que el día 1.º de Mayo de 1534 no cayó en domingo, sino en viernes.
62   Bullarium Ordinis Prædicatorum, tomo IV, pág. 31. Roma, 1732.

relatibus intellecta ad provisionem dictæ ecclesiæ de qua nullus præter nos etc. ne longæ vacationis sustineat incommoda etc. post deliberationem, quam de praeficiendo ipsi ecclesiæ personam utilem, et etiam fructuosam cum Fratribus nostris habuimus diligentem, demum ad te Ordinis Fratrum Predicatorum professorem in Sacerdotio constitutum, et in Theologia Præsentatum, vitæ ac morum honestate decorum, in spiritualibus providum, et in temporalibus circumspectum, et aliis virtutum donis, prout fide dignorum testimoniis accepimus, insignitum direximus oculos nostræ mentis, quibus omnibus debita meditatione pensatis de persona tua nobis, et eisdem Fratribus nostris ob dictorum tuorum exigentiam meritorum accepta eidem ecclesiæ de ipsorum Fratrum consilio, auctoritate Apostolica providemus, teque illi præficimus in Episcopum et Pastorem, curam et administrationem ipsius ecclesiæ, tibi in spiritualibus et temporalibus plenarie committendo. In illo, qui dat gratias etc. Jugum igitur Domini etc. tuque præter æternæ etc. nostram et Apostolicæ Sedis benedictionem, et gratiam exinde uberius consequi merearis. Volumus autem, quod quamprimum præsentes literas habueris expeditas ad præfatam ecclesiam te conferas etc. quodque extra tuas Civitatem et Dioecesim Marochitan. Pontificalia officia nequeas exercere.

Datum Romæ apud Sanctum Petrum Anno Incarnationis Dominicæ Millesimo Quadringentesimo Octuagesimo Septimo, Sextodecimo Kal. Pontificatus nostri Anno Quarto.

Ex Archivo Apostolico, *Lib. LX, fol.* 347.

Innocentius Episcopus, Servus Servorum Dei, dilecto filio Petro de Montemolin, Ord. Fratrum Prædicatorum professori in Theologia Præsentato electo Marochitan., Salutem et Apostolicam Benedictionem.

Sinceræ devotionis affectus, quem ad nos et Roman. geris ecclesiam etc. hodie siquidem ecclesiæ Marochitan., tunc certo modo Pastoris solatio destitutæ de persona tua nobis, et Fratribus nostris ob tuorum exigentiam meritorum accepta de Fratrum eorundem consilio duximus auctoritate Apostolica providendum, præficiendo te illi in Episcopum, et Pastorem, prout in nostris inde confectis

literis, in quibus voluimus, quod quamprimum illas haberes expeditas ad præfatam ecclesiam accederes et personaliter resideres apud illam, quodque extra
tuas Civitatem et Dioecesim Marochitan. pontificalia officia exercere nequires
plenius continetur.

Cum autem, sicut accepimus, tu ad Ecclesiam præfatam, quæ *in partibus infidelium* consistit, nequeas absque personæ tuæ periculo accedere, et apud eam
personaliter residere, nos volentes te præmissorum intuitu favoribus prosecui
gratiosis, tuis in hac parte supplicationibus inclinati, tibi, quod ad ecclesiam
prædictam accedere, seu apud illam personaliter residere, minime tenearis,
quodque postquam munus consecrationis rite susceperis extra easdem Civita

tem et Dioecesim, in Oxonien, si per dilectum filium nostrum Raphaelem Sancti
Georgii ad Valuen. Canonicum[63] Diaconum, qui nunc Ecclesiæ Oxonien, ex
concessione Apostolica præest et pluribus aliis Civitatibus et Dioecesibus, si
per locorum Ordinarios ad id requisitus fueris, et de illorum speciali licentia
Pontificalia officia exercere libere, et licite valeas, voluntate nostra prædicta, ac
quibuscunque constitutionibus etc. nequaquam obstantibus.

Nulli ergo etc. nostræ concessionis infringere etc. Si quis etc.

Datum Romaæ apud Sanctum Petrum Anno Incarnationis Dominicæ Millesimo
Octingentesimo Octuagesimo Septimo, Sextodecimo Kal. Januarii, Pontificatus
nostri Anno Quarto.

Las bulas expresan por manera inequívoca que á la sazón el obispo de
Marruecos tenía grey propia, y gozaba de plena jurisdicción en los cristianos
de su ciudad y diócesis africana. Sufragáneo por este título, podía y debía
asistir á los concilios provinciales de Sevilla, así como los obispos de Cádiz y
de Canarias. Inocencio VIII dispensó á Fray Pedro de Montemolín de residir
al otro lado del Estrecho, permitiéndole ejercer los oficios pontificales en
Osma y en otras ciudades con beneplácito de los Ordinarios respectivos,
en atención al grave peligro que habría corrido su persona en medio de

---

63   Léase «ad velum aureum, Cardinalem».

los bárbaros marroquíes, sobreexcitados con el belicoso ardor y creciente prosperidad de los reyes Católicos, ya enseñoreados de Málaga (18 Agosto, 1487). Dos años más tardaron los reyes en posesionarse de Guadix y Almería; mas por ello no se arredraron de solicitar de la Santa Sede la provisión de ambas Sillas episcopales; recayendo la de Almería en Fray Alonso Pernas, y quedando por este motivo vacante la de Marruecos. En el tomo LI de la *España Sagrada*, pág. 207, se afirma que Fray Alonso Pernas fué obispo de Almería «hasta el año de 1492 en que le sucedió allí D. Juan de Ortega»; pero este es un error, que han desvanecido las bulas de Inocencio VIII. En 17 de Diciembre de 1487 Fray Alonso había fallecido.

Aunque extinguido, hace siglos, para la significación histórica y nacional, que tuvo en España, permanece el título episcopal de Marruecos in partibus infi

delium. Pío IX lo confirió al ilustre capuchino P. Fr. Felicísimo Coccino (3 Mayo, 1859) para que fuese coadjutor del Vicario apostólico de los Gallas en Abisinia. Una idea me ocurre que estimará justamente la Academia en su valor práctico, si algo valiere, para mayor afianzamiento y mejor lustre de nuestras glorias nacionales.

Es el caso que Pío IX por su bula de 18 de Noviembre de 1875, *Ad Apostolicam*,[64] unió perpetuamente al título de Prior de las Órdenes militares en Ciudad-Real el episcopal de Dora *in partibus infidelium*. No me fijo en el deplorable error geográfico[65] que advirtió la Academia á quien convenía, antes de que saliese á luz este solemne documento;[66] pero sí en el principal y nobilísimo objeto que se propuso el piadoso ánimo de Alfonso XII y secundó Pío IX: «ad memoriam praedictorum Ordinum, egregie de Ecclesia

---

64 Publicada en el tomo LI de la *España Sagrada*, pág. 355-364.

65 «Nobis proposuit (Rex) ut in eorumdem quatuor Ordinum territorium erigatur universa ea regio, qua provincia civilis Clunia, vulgo de Ciudad-Real, constituitur.»

66 «La Real Academia de la Historia avisó a su tiempo confidencialmente que Clunia no era Ciudad-Real, sino Coruña del Conde; pero como el error se cometió en el Concordato, donde ya a Ciudad-Real se le llamó Clunia, fué preciso sostener esa denominación en esta Bula.» *España Sagrada*, tomo LI, pág. 356.

et Republica meritorum conservandam, et Hispanicae virtutis monumentum custodiendum». Pregunto ahora: ¿qué título episcopal *in partibus infidelium*, satisface más y mejor á la memoria excelsa de nuestras Órdenes militares? ¿El Dorensis, ó el Marochitanus? El de Dora, sede que fué sufragánea de Cesarea en la Palestina, no se sabe que haya sido llevado por ningún obispo español hasta nuestros días; y escaso eco, por no decir ninguno, ha tenido en las empresas, que debe gloriosamente recordar de las cuatro Órdenes, de Santiago, Alcántara, Calatrava y Montesa. El de Marruecos, que han llevado tantos y tan egregios prelados españoles, sin interrupción desde el siglo XIII hasta el XVII, refleja el gran pensamiento de San Fernando y la última voluntad de Isabel la Católica, y para un tiempo, quizá no muy lejano, indica la proximidad y alcance de la meta suspirada con tan heroicas luchas por la nación ibérica; cuyo supremo anhelo, aunque malogrado hasta el presente, ha sido y es reconstituirse una é indivisa desde el Pirineo hasta el Atlas.

Madrid, 26 de Septiembre de 1890.

Libros a la carta

A la carta es un servicio especializado para

empresas,

librerías,

bibliotecas,

editoriales

y centros de enseñanza;

y permite confeccionar libros que, por su formato y concepción, sirven a los propósitos más específicos de estas instituciones.

Las empresas nos encargan ediciones personalizadas para marketing editorial o para regalos institucionales. Y los interesados solicitan, a título personal, ediciones antiguas, o no disponibles en el mercado; y las acompañan con notas y comentarios críticos.

Las ediciones tienen como apoyo un libro de estilo con todo tipo de referencias sobre los criterios de tratamiento tipográfico aplicados a nuestros libros que puede ser consultado en Linkgua-ediciones.com .

Linkgua edita por encargo diferentes versiones de una misma obra con distintos tratamientos ortotipográficos (actualizaciones de carácter divulgativo de un clásico, o versiones estrictamente fieles a la edición original de referencia).

Este servicio de ediciones a la carta le permitirá, si usted se dedica a la enseñanza, tener una forma de hacer pública su interpretación de un texto y, sobre una versión digitalizada «base», usted podrá introducir interpretaciones del texto fuente. Es un tópico que los profesores denuncien en clase los desmanes de una edición, o vayan comentando errores de interpretación de un texto y esta es una solución útil a esa necesidad del mundo académico.

Asimismo publicamos de manera sistemática, en un mismo catálogo, tesis doctorales y actas de congresos académicos, que son distribuidas a través de nuestra Web.

El servicio de «libros a la carta» funciona de dos formas.

1. Tenemos un fondo de libros digitalizados que usted puede personalizar en tiradas de al menos cinco ejemplares. Estas personalizaciones pueden ser de todo tipo: añadir notas de clase para uso de un grupo de estudiantes,

introducir logos corporativos para uso con fines de marketing empresarial, etc. etc.

2. Buscamos libros descatalogados de otras editoriales y los reeditamos en tiradas cortas a petición de un cliente.